www.ingramcontent.com/pod-product-compliance
Lightning Source LLC
Chambersburg PA
CBHW030735180526
45157CB00008BA/3183
* 9 7 8 1 0 9 5 7 8 4 6 4 8 *